María Moreno

APULEYO EDICIONES   FOMENTO DE VALORES   CUENTOS ILUSTRADOS

Los puentes mágicos

APULEYO EDICIONES   FOMENTO DE VALORES   CUENTOS ILUSTRADOS

Puente mágico pequeño

¡Hola! Me llamo Lucía y quiero compartir contigo mi historia.

Todo empezó cuando era una pequeña bebé,
apenas comprendía lo que pasaba a mi alrededor.

Un día dejé mi casa y a mi mamá y me fui a vivir con una nueva familia.
Para ello, tuvimos que cruzar un puente mágico cortito.

Cuidaban muy bien de mí, me daban muchos
besos, abrazos y me ayudaban a
dormir cuando echaba de menos
a mi mamá.

Una vez a la semana iba a ver a mi mamá a un sitio que no conocía, pero allí había personas que me hacían sentir a gusto y, sobre todo, segura.

Mi nueva familia me traía para la visita y volvían a por mí cuando terminaba; me hacía sentir siempre muy querida.

Mi mamá se ponía muy contenta al verme, aunque a veces lloraba.

A mí me gustaba escuchar su corazón, oír de nuevo su voz también me hacía sentir muy feliz.

Pasaron unos meses y me dijeron que volvía con mi mamá.

Ella había estado estudiando mucho para poder cuidar muy bien de mí.

Así, comprendí que el puente que crucé con mi nueva familia, lo cruzaba de vuelta para poder volver con mi mamá.

Ese puente era mágico, me ayudó a sentirme segura y cuidada, comprendí que una parte de mí siempre se quedaría con mi nueva familia, sé que una parte de ellos siempre viviría en mí.

Puente mágico mediano

¡Hola! Me llamo Luis y voy a contarte mi historia.

Cuando era pequeño, mis padres no podían cuidarme.

Una familia muy especial me ayudó cruzando un puente mágico cortito que me llenó de besos y abrazos. Disfrutaba mi tiempo con mi nueva familia y me sentía seguro y querido.

Un día, después de un año, me avisaron que tendría que ir con otra familia, también teníamos que cruzar otro puente mágico, pero esta vez era un poco más largo.

Tenía miedo, no quería perder a esa familia que me quiso, me cuidó y me hizo sentir seguro.

Mi otra familia me esperó paciente, al inicio del puente,
a que yo me sintiera seguro y preparado, eso me gustó mucho.

No me presionaron, me acompañaron y, como mi otra familia, me
dieron mucho amor, cariño y abrazos.

Este puente era un poco más largo, pero valió la pena cruzarlo.

Conocí a amigos nuevos, otra familia que me quería igual o más que la anterior.

Al igual que con mi anterior familia, podía seguir viendo a mi mamá y a mi papá cada dos semanas.

Me gustaba compartir tiempo con ellos y lo disfrutaba mucho.

Con el tiempo, las visitas pasaron a ser una vez al mes.

Un día, mi nueva familia me explicó que ya no vería más a mi papá y mi mamá.

Ellos lo habían intentado todo, pero no podían cuidarme. Me querían mucho y no querían que viviera sin una mamá y un papá. Así que iba a tener unos nuevos, una familia adoptiva.

Tendría que volver a despedirme de mi nueva familia, por segunda vez, y esta vez sabía que donde iba me sentiría muy querido y cuidado y que, esta vez sí, sería para siempre.

¡Me dieron una gran sorpresa! Esta vez no tendría a una mamá y a un papá, sino que tendría dos nuevas mamás y un hermano.

Tenían preparado para mí un video muy bonito. Pude conocer a mi hermano en una videollamada y estaba deseando que llegara el día de abrazarlos por fin.

Cuando llegó ese día, estaba muy nervioso, me daba miedo, vergüenza, pero también alegría, muchas emociones que me ayudaron a vivirlas con seguridad.

Cuando los vi a los tres, me escondí detrás de mi familia del nuevo puente, pero mi hermano me saludó y quiso jugar conmigo.

Pasamos unos días muy bonitos en mi ciudad, pero por la noche iba a dormir con la familia que me ayudó a cruzar el puente mágico que era más largo.

Al cabo de varios días, ya pude irme con ellas y mi hermano a mi casa definitiva.

Ahora tengo mi cuarto, mis juguetes, y también me llevo un libro donde habla de mi primera mamá y mi papá, de mis dos familias del puente mágico. Aemás tengo un montón de hojas en blanco para rellenar con mis mamás y mi hermano.

¡No puedo estar más feliz!

Puente mágico muuuuuy largo

¡Hola! Me llamo Carmen y quiero que conozcas la historia más bonita jamás contada.

Cuando nací, tenía una mamá y un papá que me cuidaban y me querían, pero nuestra casa no era la mejor.

A veces, tenía mucho miedo porque venían muchas personas a casa y un día, unas mujeres que me trataron con mucho cariño llegaron a casa y me llevaron a un lugar que no conocía.

Tenía miedo, quería ver a mi
papá y a mi mamá y estaba muy triste.

Entonces, llegó una familia que me dio muchos
besos y abrazos. Me dijeron que teníamos que cruzar
un puente pequeñito y que era mágico.

Al cruzarlo, pude ver una casa muy bonita al final.

Me recibieron con muchos abrazos, besos, cariños y una compañera de habitación, la hija de mi familia del puente mágico.

Por la noche tenía muchos miedos, pero mi nueva familia y mi compañera de habitación me cuidaban hasta que me volvía a dormir.

Comencé a ver a mis papás en un sitio que no conocía, pero había muchos juguetes y podía jugar con ellos sin que interrumpieran visitas, como en casa.

Me gustaba mucho ver a mis papás y también me gustaba mi nueva familia.

A los 6 meses, mi nueva familia me dijo que llegó el momento de cruzar un nuevo puente mágico, este era un poco más largo que el anterior y que, al final, me esperaba otra familia.

No lo entendía, yo quería estar con ellos, me gustaba mi compañera de habitación, los besos y los abrazos.

Cuando conocí a mi nueva familia, me dijeron que cruzaríamos el puente cuando estuviera preparada.

Pero tenían una sorpresa, tenían una perrita muy cariñosa y, jugando con ella, comencé a sentirme segura y cruzamos el puente.

La nueva casa me gustaba, tenía mi propia habitación
y podía dormir con Cathara, mi nueva perrita, a los pies de mi cama.

Seguía viendo a mamá y a papá, ¡eso no cambió! Pude seguir viéndoles y
disfrutando del tiempo juntos.

Pasé mucho tiempo en esta casa nueva y comencé a ir al cole, hice nuevas
amigas y amigos. Me gustaba mi vida.

Me sentía cuidada, querida y acompañada, y seguía viendo a mamá y papá;
no quería dejar de verlos.

Un día me dijeron que tenía que volver a cruzar un puente mágico,
este era muuuuuy largo, y, la verdad, me daba miedo hacerlo.
Sabía lo que iba a encontrarme al otro lado, una familia maravillosa,
pero no quería dejar mi cole, mis amigas, mi perra.

Al llegar al inicio, me dijeron que mi nueva familia vivía en el mismo pueblo que mi antigua familia del puente mágico más largo. Podía seguir yendo al mismo cole, seguir estando con mis amigas, y visitar, de vez en cuando, a Cathara.

Este puente es muy bonito, es tan mágico que puedo sentirme segura y con mucho amor en un hogar con corazón, pero, sobre todo, podré seguir viendo a mamá y papá.

INFORMACIÓN PARA FAMILIAS DE HOGARES CON CORAZÓN

¡Gracias por querer saber más de otra forma de familia!

La importancia del acogimiento familiar es vital, ya que cambia vidas.

El acogimiento familiar es una medida de caracter temporal de protección que busca dar seguridad e incondicionalidad a menores que han sido expuestos a situaciones de desprotección y permite que puedan disfrutar de un entorno familiar estable y recibir todo el cariño y el calor que les aporta una familia que atenderá a estos y estas menores.

Por eso, es tan importante el acogimiento familiar, porque una persona o familia ofrece su hogar, sus brazos, su cariño y, sobre todo, su incondicionalidad para hacer feliz a un niño o niña que ha iniciado la vida de una manera un poco difícil.

Entre otras cosas, el acogimiento familiar ayuda a evitar la institucionalización de los y las menores, es decir, que entren en centros de protección de menores.

La información recogida ahora está relacionada con la Comunidad Autónoma de Andalucía. Es posible que donde vivas sea un poco diferente, te invito a investigar si así fuera.

Tipos de acogimiento familiar

Existen diferentes tipos de acogimiento familiar dependiendo del proceso por el que esté atravesando el menor o la menor.

Los diferentes tipos son:

- **Acogimiento familiar de urgencia (puente mágico pequeño)**. La principal característica es que la familia tiene que estar disponible para acoger de forma inmediata a menores que hayan sido desamparados y desamparadas. Esta medida de protección está destinada a menores de hasta 13 años de edad, con cualquier tipo de necesidad especial. El tiempo del acogimiento es el necesario para poder valorar la situación que ha iniciado el desamparo de la familia biológica del o de la menor y así proponer una medida de protección más estable, en beneficio del y de la menor. Tiene una duración máxima de 6 meses.

- **Acogimiento familiar temporal (puente mágico mediano).** Su finalidad está planteada cuando puede haber un posible retorno con su familia de origen (ya sea la familia biológica o familia extensa: abuelos/as o tíos/as) a corto plazo, o puede que se adopte una medida de protección más estable, como por ejemplo la adopción o el acogimiento familiar permanente. Está pensado para menores de 0 hasta los 13 años de edad. Tiene una duración máxima de dos años.

- **Acogimiento familiar permanente (puente muuuuuy largo).** Se da cuando hay casos en los que no existe previsión de retorno con la familia de origen, y puede evitarse la institucionalización, siendo difícil la medida de protección más estable como la adopción. Destinada a menores de 7 años hasta la mayoría de edad. Una vez llegue ese momento, la familia y el o la joven, deciden qué sucede después.

Características del acogimiento familiar

El acogimiento familiar tiene una serie de características que es importante conocer y respetar para poder ser familia acogedora:

- El acogimiento familiar es una medida para menores desde 0 años hasta los 18 años.

- El acogimiento familiar es de **carácter temporal.** Tiene un principio y un fin.

- La familia de acogida se compromete a mantener el **respeto a los orígenes de los y las menores que estén en acogida.** Debeberá de respetarse el régimen de relaciones con la familia de origen, facilitando las visitas que se den en los Servicios de Acogimiento Familiar. La familia acogedora se compromete a cumplir con los horarios y días establecidos para las visitas.

- Es importante tomar consciencia de que estos y estas menores no tienen una situación de partida fácil. Es importante implicarse en el cariño y paciencia extra que puedan necesitar.

Beneficios de ser familia acogedora

Los beneficios del acogimiento familiar son muchos y variados, te dejamos aquí una lista, que seguramente, se podría ampliar, tanto para la familia acogedora como para el o la menor.

- **Para el menor o la menor:**

  - Pueden reparar daños profundos, como consecuencias de situaciones traumáticas que han experimentado en su corta vida.

  - Reciben toda la atención y el cariño que son necesarios para poderse sentir seguros/as y queridos/as.

  - Conocen la definición de la palabra "incondicionalidad", sintiéndose verdaderamente queridos por lo que son y no por lo que hacen.

  - Son capaces de adquirir valores más profundos de respeto, de tolerancia y de convivencia.

  - Tienen un espacio de expresión y desarrolla emocional libre.

  - Y, sobre todo, se evita la institucionalización, no teniendo que entrar en un centro de protección de menores.

- **Para la familia acogedora:**

  - Mayor crecimiento personal y familiar.

  - Garantizar el bienestar infantil de los y las menores en acogimiento familiar.

  - Tomar consciencia de una mayor satisfacción personal.

  - Aportar valor social a la familia y al entorno.

  - Saber que estás haciendo que un niño o una niña duerma más seguro o segura.

Si este cuento, si esta información te hace replantearte ser familia acogedora, te invito a que busques información y que así puedas cambiarle la vida a estos niños y niñas que tanto lo necesitan.

Gracias a todas las familias de Hogares con Corazón que cambian vidas.

¡Hola! Soy María Moreno y soy psicóloga perinatal.

A lo largo de mi experiencia profesional he podido trabajar de primera mano con menores en acogida y familias acogedoras. Conozco los miedos, inquietudes y lo difícil que a veces resulta poder explicarles, de una manera breve y que puedan entender, qué es el acogimiento familiar.

"**Los puentes mágicos**" nace de querer explicarle a mi hijo, Lucas S., qué es el acogimiento familiar. Descubrí que con este sencillo cuento, niños y niñas que no estén viviendo esta situación como menores en situación de desprotección en casas de acogida, puede entender los diferentes procesos por los que van a pasar.

Como psicóloga perinatal que acompaño en los procesos de crianza, puedo acompañaros para trabajar juntas y juntos en herramientas y recursos para acompañar a tu peque en acogida. Trabajo de manera 100% online, por lo que puedes contactar conmigo y podremos trabajar cuando lo necesites, desde la comodidas de tu hogar.

En el códico QR adjunto, puedes acceder a mi página web y conocer un poco más en lo que trabajo. Además, puedes encontrarme en mis redes sociales @mariamorenoperinatal tanto en Facebook, Instagram, TikTok y Youtube.

© María de la Cinta Moreno Domínguez (de la obra)
©Apuleyo Ediciones (de esta edición)
Primera edición en Apuleyo Ediciones: mayo 2024
Diseño de cubierta: Sofía Corzo González
Corrección: Aitor Andreu Guerrero
Maquetación: Domingo Carrasco Martín
Ilustraciones: Mercedes Irastorza
Coordinación editorial: Isidoro Cidre González
info@apuleyoediciones.com
www.apuleyoediciones.com
ISBN: 978-84-1062-070-6
Depósito legal: H 729-2023

Hecho e impreso en España.

Los puentes mágicos

APULEYO EDICIONES · FOMENTO DE VALORES · CUENTOS ILUSTRADOS

María Moreno

APULEYO EDICIONES   FOMENTO DE VALORES   CUENTOS ILUSTRADOS